¡FELICIDADES!

A Celebration with Shapes

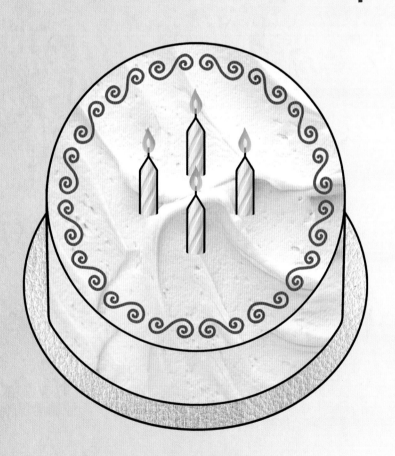

DUNCAN TONATIUH

Abrams Appleseed

New York

cuadrado

square

mesa

table

círculo

circle

pastel

cake

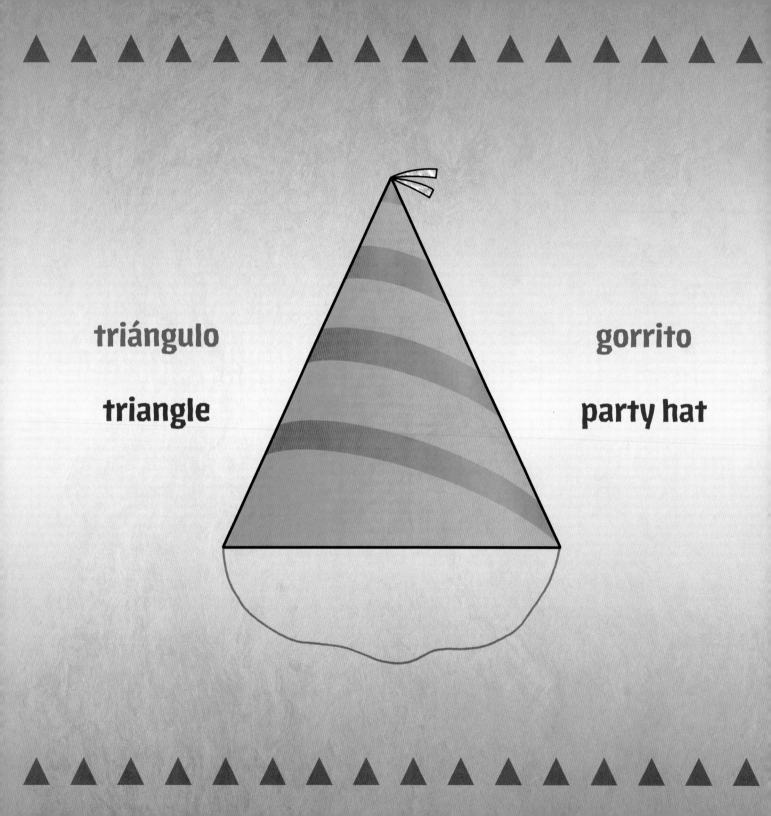

triángulo

triangle

gorrito

party hat

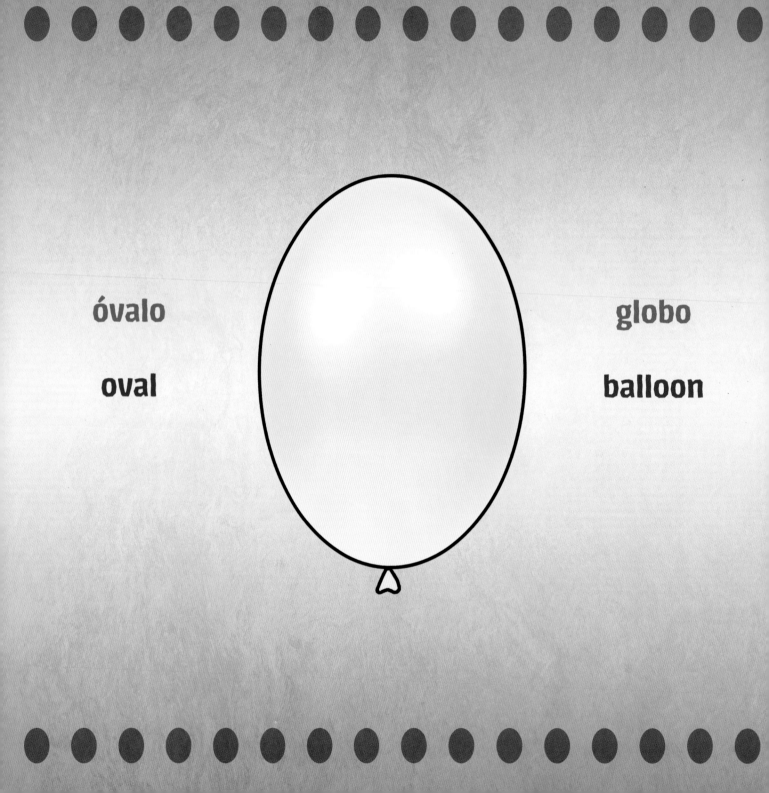

óvalo

oval

globo

balloon

rectángulo

rectangle

regalo

gift

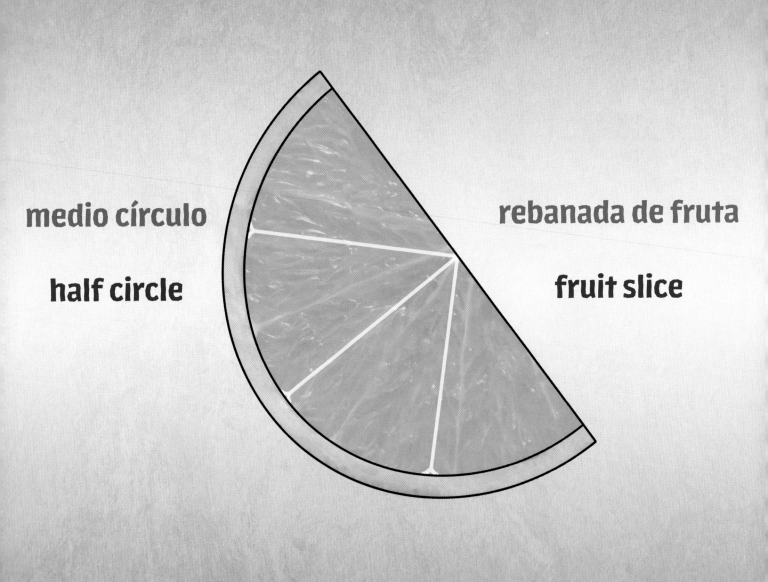

medio círculo

half circle

rebanada de fruta

fruit slice

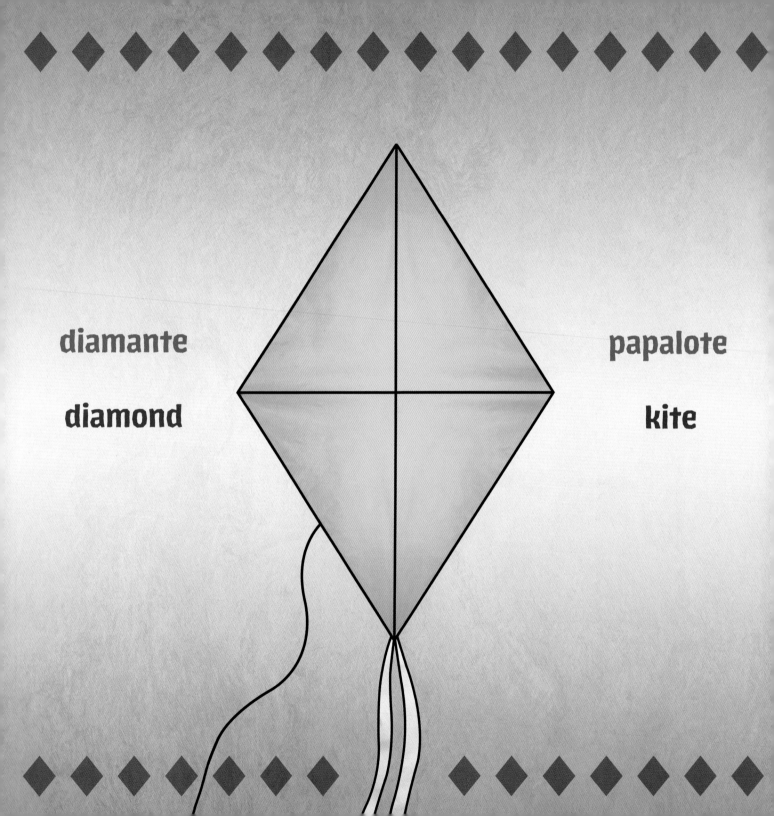

diamante

diamond

papalote

kite

**pentágono
y hexágono**

**pentagon
and hexagon**

**balón de
fútbol**

**soccer
ball**

estrella

star

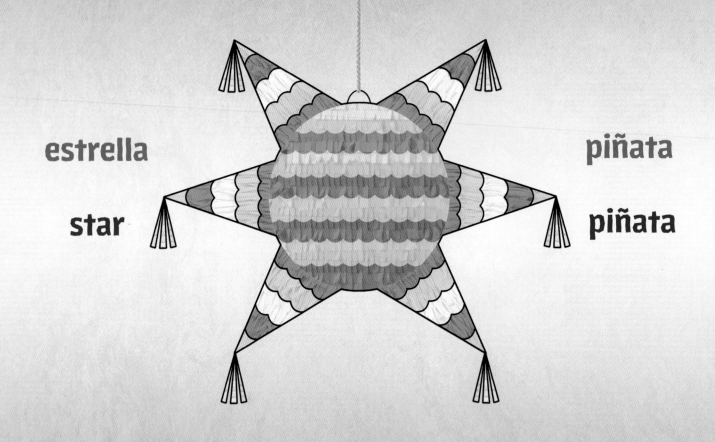

piñata

piñata

¡Feliz cumpleaños!

corazón

heart

paleta

lollipop

Happy birthday!

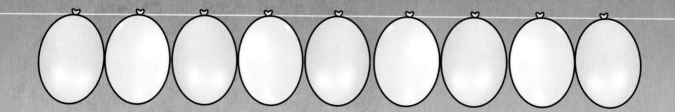

Nota del autor

¡Felicidades! A Celebration with Shapes muestra una fiesta de cumpleaños infantil. Cada familia es diferente, y los cumpleaños se celebran de diversas maneras alrededor del mundo. En China los festejados comen fideos largos porque se cree que eso les traerá una larga vida. ¡En Jamaica los invitados espolvorean a los cumpleañeros con harina! En México tenemos la piñata.

Cuando yo celebro el cumpleaños de mis hijos, nos reunimos con familiares y amigos. Decoramos con globos y pasamos el día comiendo y jugando juntos. A veces los invitados traen regalos para el festejado.

Siempre tenemos una piñata llena de dulces. Hoy en día las piñatas tienen una gran variedad de formas. Algunas son de animales o de personajes de dibujos animados, pero las piñatas tradicionales tienen forma de estrella. Mientras un niño le pega con un palo a la piñata para tratar de romperla, todos los demás cantan: «Dale, dale, dale...». Cuando la canción termina, le toca al siguiente niño pegarle. Se turnan hasta que alguien rompe la piñata ¡y todos saltan a recoger los dulces!

Al igual que muchas personas alrededor del mundo, también comemos pastel. A mi familia le gusta cantar «Las mañanitas», una canción de cumpleaños tradicional en México, seguida de «Happy Birthday to You», la canción tradicional en Estados Unidos y en muchos otros países. Después de cantar, el cumpleañero o la cumpleañera pide un deseo y sopla las velas. Y, por supuesto, todos le decimos: «¡Felicidades!».

¿Y tú cómo celebras los cumpleaños?

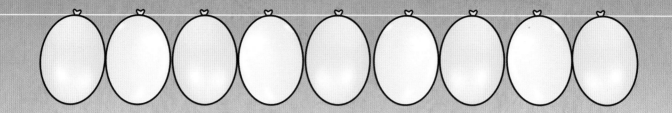

Author's Note

¡Felicidades! A Celebration with Shapes depicts a child's birthday party. Every family is different, and birthdays are celebrated in different ways around the world. In China, the birthday kid eats long noodles because they are believed to bring long life. In Jamaica, the birthday kid gets dusted with flour by the guests! In Mexico, we have the piñata.

When I celebrate my children's birthdays, we get together with family and friends. We decorate with balloons and spend the day eating together and playing games. Sometimes guests bring gifts for the birthday kid.

We always have a piñata filled with candy. Nowadays, piñatas are all sorts of shapes and look like animals or even cartoon characters, but traditionally, a piñata is shaped like a star. While a kid hits the piñata with a stick hoping to break it open, everyone else sings, "Dale, dale, dale . . ." (DAH-leh, DAH-leh, DAH-leh). When the song is over, it is another child's turn to take a swing. They take turns until someone breaks open the piñata and everyone jumps in for the candy!

Like many people around the world, we have cake too. My family likes to sing "Las mañanitas," the traditional birthday song in Mexico, followed by "Happy Birthday to You," the traditional song in the United States and in many other countries. Afterward, the birthday kid makes a wish and blows out the candles. And of course, we all say, "¡Felicidades!"

How do you celebrate a birthday?

para un mundo pacífico

donde todo los niños puedan

celebrar su cumpleaños

to a peaceful world

where all children can

celebrate their birthday

Las ilustraciones en este libro fueron dibujadas a mano
y coloreadas con collage digital.

The images in this book were hand drawn
and collaged digitally.

Número de control de la Biblioteca del Congreso 2023950217
ISBN 978-1-4197-7449-2

Library of Congress Control Number 2023950217
ISBN 978-1-4197-7449-2

Texto y ilustraciones © 2024 Duncan Tonatiuh
Editado por Howard W. Reeves
Diseño del libro de Heather Kelly

Text and illustrations © 2024 Duncan Tonatiuh
Edited by Howard W. Reeves
Book design by Heather Kelly

ABRAMS The Art of Books
195 Broadway, New York, NY 10007
abramsbooks.com